shule - de School	2
usafiri - de Törn	5
usafiri - de Transport	8
jiji - de Stadt	10
mazingira - de Landschop	14
mgahawa - dat Spieslokal	17
dukakuu - de Supermarkt	20
vinywaji - de Drünk	22
chakula - dat Eten	23
shamba - de Buernhoff	27
nyumba - dat Huus	31
sebuleni - de Wahnstuuv	33
jikoni - de Köök	35
bafu - de Baadstuuv	38
chumba ya mtoto - de Kinnerstuuv	42
nguo - dat Tüüch	44
ofisi - dat Büro	49
uchumi - de Weertschop	51
kazi - de Profeschonen	53
zana - dat Warktüüch	56
ala za muziki - de Musikinstrumenten	57
bustani ya wanyama - de Deertenpark	59
michezo - de Sport	62
shughuli - de Aktivitäten	63
familia - de Familje	67
mwili - de Lief	68
hospitali - dat Krankenhuus	72
dharura - de Nootfall	76
dunia - de Eerd	77
saa - de Klock	79
wiki - de Week	80
mwaka - dat Johr	81
maumbo - de Formen	83
rangi - de Farven	84
kinyume - de Gegendelen	85
nambari - de Tallen	88
lugha - de Spraken	90
ambao / nini / jinsi - wokeen / wat / wo	91
wapi - wo	92

Impressum
Verlag: BABADADA GmbH, Nedderfeld 112 , 22529 Hamburg
Geschäftsführer / Verlagsleitung: Harald Hof
Druck: Books on Demand GmbH, In de Tarpen 42, 22848 Norderstedt

Imprint
Publisher: BABADADA GmbH, Nedderfeld 112 , 22529 Hamburg, Germany
Managing Director / Publishing direction: Harald Hof
Print: Books on Demand GmbH, In de Tarpen 42, 22848 Norderstedt

shule
de School

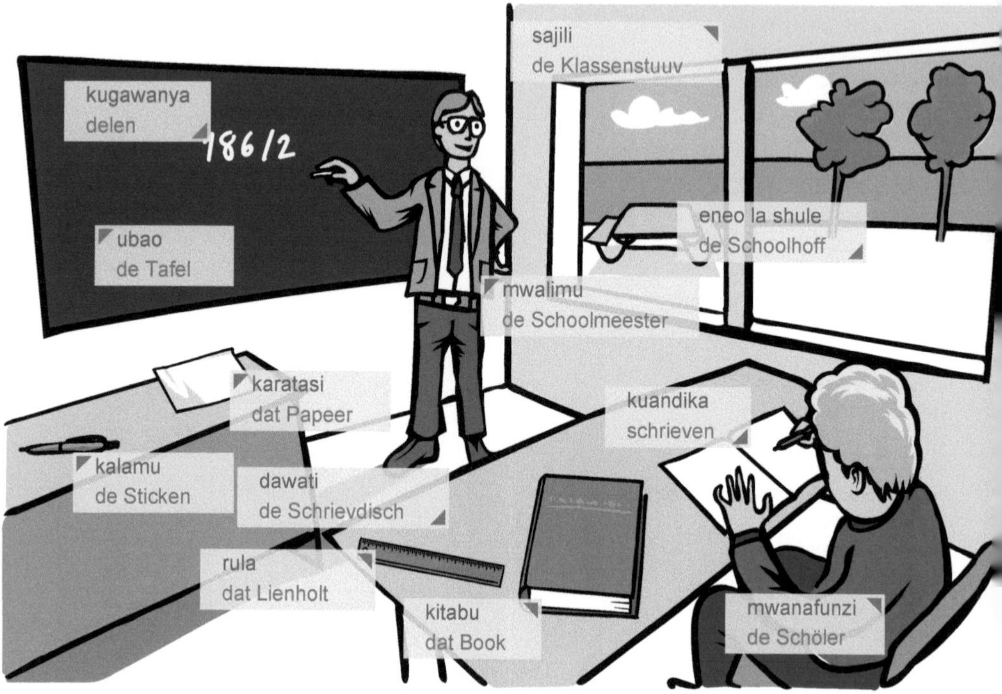
sajili
de Klassenstuuv
kugawanya
delen
186/2
ubao
de Tafel
eneo la shule
de Schoolhoff
mwalimu
de Schoolmeester
karatasi
dat Papeer
kuandika
schrieven
kalamu
de Sticken
dawati
de Schrievdisch
rula
dat Lienholt
kitabu
dat Book
mwanafunzi
de Schöler

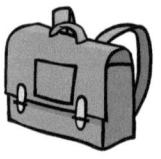

mkoba

de Ranzel

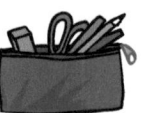

kikasha cha penseli

de Feddermapp

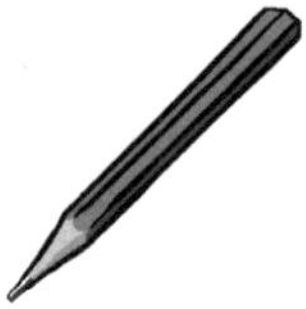

penseli

de Bleesticken

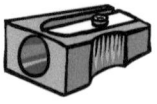

kichonga penseli

de Scharpmaker

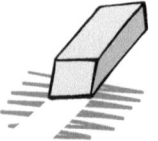

mpira

dat Radeergummi

pedi ya kuchora

de Tekenblock

uchoraji

de Teken

brashi ya rangi

de Pinsel

sanduku la rangi

de Malkassen

mkasi

de Scheer

gundi

de Klever

daftari

dat Heft to'n Öven

kazi ya nyumbani

de Huusopgaav

nambari

de Tall

2+2

jumlisha

tohooptellen

ondoa

aftrecken

zidisha

malnehmen

kokotoa

reken

barua

de Bookstaav

ABCDEFG
HIJKLMN
OPQRSTU
VWXYZ

alfabeti

dat ABC

neno

dat Woort

maandishi
de Text

kusoma
lesen

chaki
de Kried

somo
de Stunn

sajili
dat Klassenbook

uchunguzi
de Pröven

cheti
dat Tüügnis

sare za shule
de Schooluniform

elimu
de Utbillen

elezo
dat Nakieksel

chuo kikuu
de Universität

darubini
dat Mikroskop

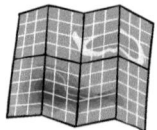

ramani
de Koort

kikapu cha kuweka karatasi
chafu
de Papeerkorf

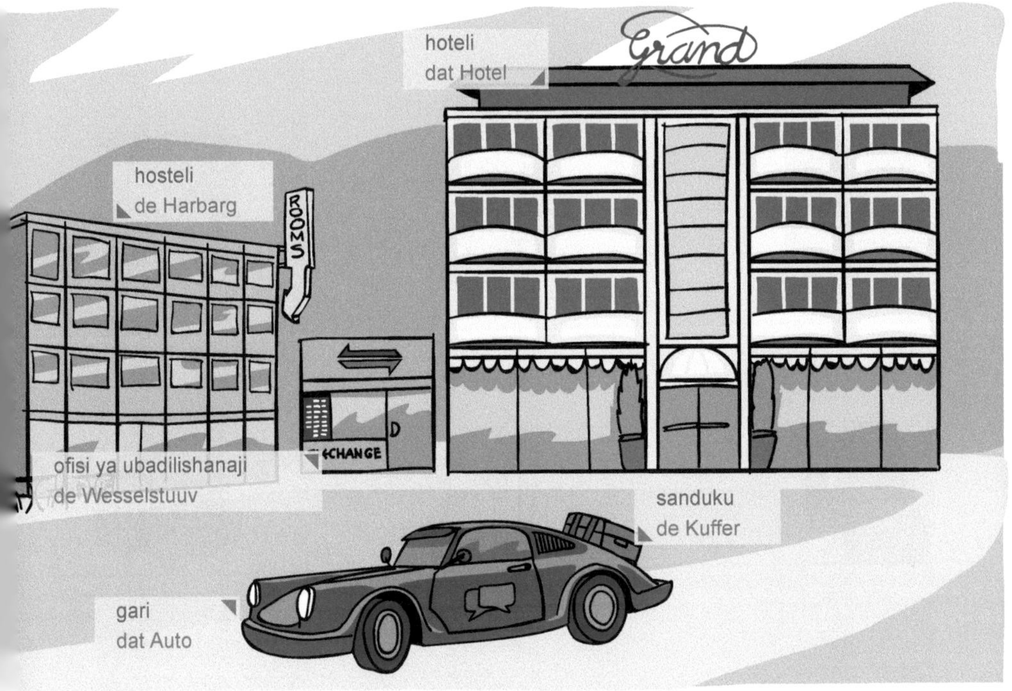

hoteli
dat Hotel

hosteli
de Harbarg

ofisi ya ubadilishanaji
de Wesselstuuv

sanduku
de Kuffer

gari
dat Auto

lugha
de Spraak

ndiyo / la
jo / ne

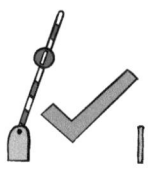

sawa
Jo

hujambo
Moin

mtafsiri
de Översetter

Asante
Dank ok

kiasi gani ni ...?

Wat kost...?

Sielewi

Ik verstah nich

tatizo

dat Problem

Jioni njema!

Goden Avend

Habari za asubuhi!

Moin!

Usiku mwema!

Gode Nacht!

kwa heri

Tschüüs

mwelekeo

de Richt

mizigo

de Bagaasch

mfuko

de Tasch

shanta

de Rüchsack

mgeni

de Gast

chumba

de Stuuv

begi la kulalia

de Slaapsack

hema

dat Telt

taarifa ya utalii

Touristeninformatschoon

ufuo

de Strand

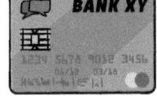

kadi

de Kreditkoort

kifunguakinywa

dat Fröhstück

chakula cha mchana

dat Meddageten

chakula cha jioni

dat Avendeten

tiketi

de Fohrkort

kuinua

de Fohrstohl

muhuri

de Breefmark

mpaka

de Grenz

mila

de Toll

ubalozi

de Bottschop

visa

dat Visum

pasipoti

de Pass

usafiri

de Transport

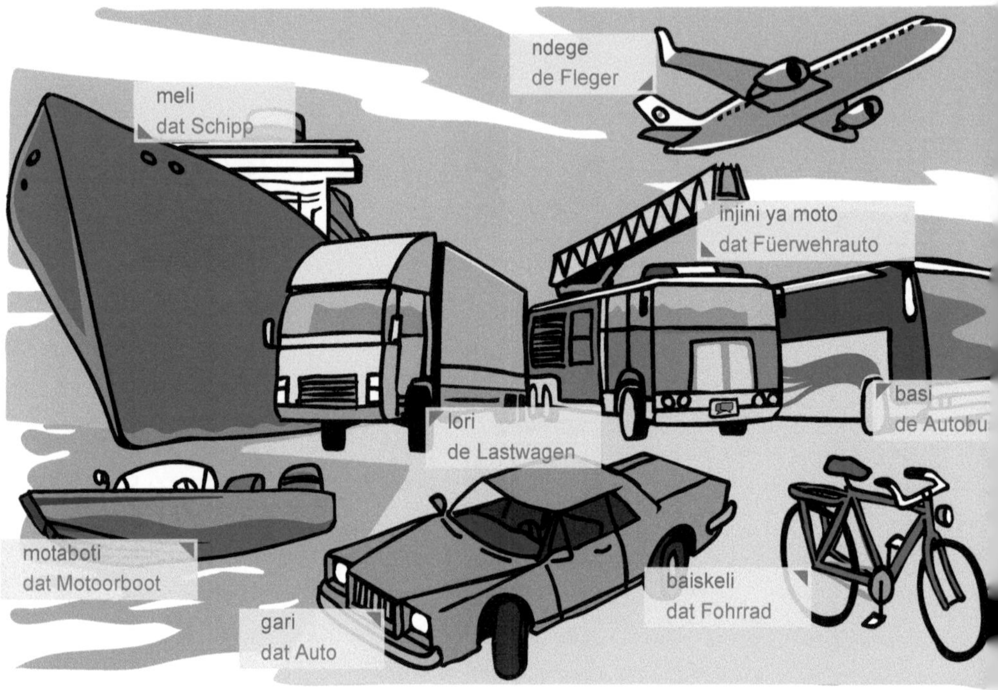

ndege
de Fleger
meli
dat Schipp
injini ya moto
dat Füerwehrauto
basi
de Autobu
lori
de Lastwagen
motaboti
dat Motoorboot
baiskeli
dat Fohrrad
gari
dat Auto

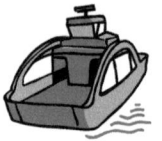

feri

de Fähr

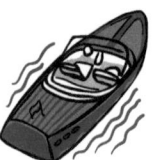

mashua

dat Boot

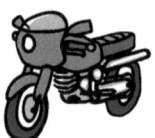

pikipiki

dat Motoorrad

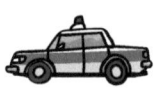

gari la polisi

dat Polizeiauto

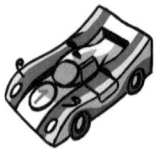

gari la mashindano

dat Rönnauto

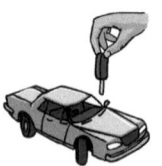

gari la kukodisha

de Lehnwagen

kushiriki gari

dat Carsharing

lori la kuvuta

de Afsleepwagen

ukusanyaji taka

dat Müllauto

motor

de Motoor

mafuta

de Kraftstoff

kituo cha mafuta

de Tanksteed

ishara trafiki

dat Verkehrsschild

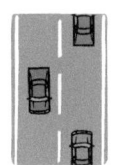

trafiki

de Verkehr

msongamano

de Stau

maegesho

de Afstellplatz

kituo cha treni

de Bahnhoff

reli

de Sporen

garimoshi

de Tog

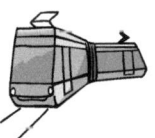

tremu

de Stratenbahn

gari la mizigo

de Wagon

helikopta

de Dwarsmöhl

uwanja wa ndege

de Flooghaven

mnara

de Tower

abiria

de Fohrgast

chombo

de Grootkist

katoni

de Karton

mkokoteni

de Koor

kikapu

de Korf

ondoka

starten / lannen

jiji

de Stadt

kijiji

dat Dörp

katikati ya jiji

de Binnenstadt

nyumba

dat Huus

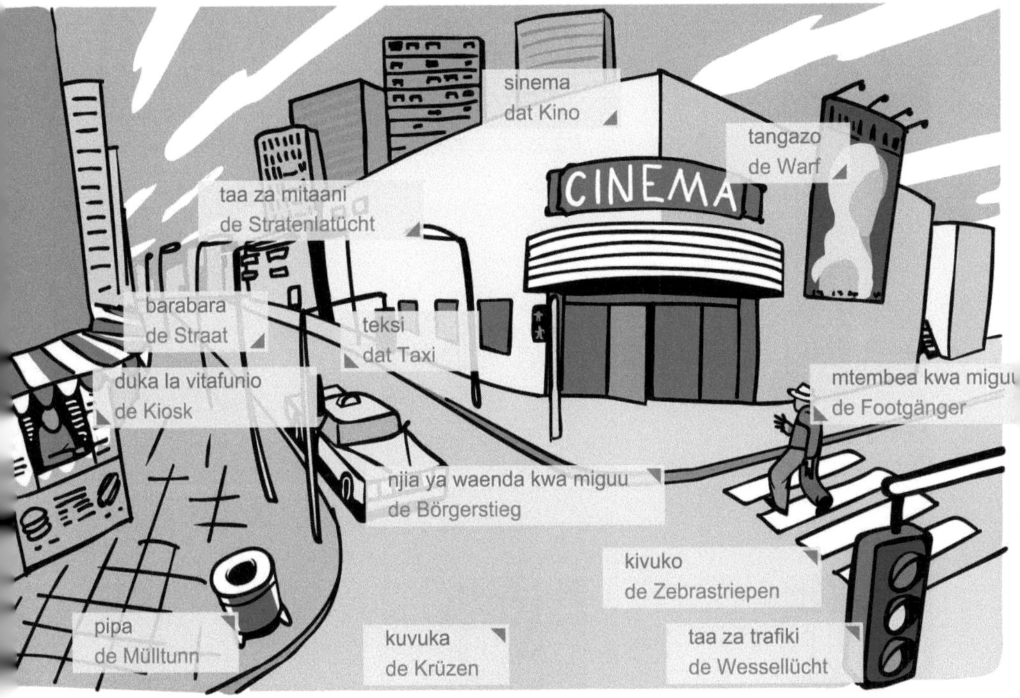

sinema
dat Kino

tangazo
de Warf

taa za mitaani
de Stratenlatücht

CINEMA

barabara
de Straat

teksi
dat Taxi

duka la vitafunio
de Kiosk

mtembea kwa miguu
de Footgänger

njia ya waenda kwa miguu
de Börgerstieg

kivuko
de Zebrastriepen

pipa
de Mülltunn

kuvuka
de Krüzen

taa za trafiki
de Wessellücht

kibanda
de Hütt

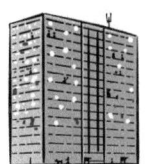

gorofa
de Wahnung

kituo cha treni
de Bahnhoff

ukumbi wa mji
dat Raathuus

Makavazi
dat Museum

shule
de School

chuo kikuu

de Universität

benki

de Bank

hospitali

dat Krankenhuus

hoteli

dat Hotel

duka la dawa

de Afteek

ofisi

dat Büro

duka la kitabu

de Bookhökerie

duka

de Hökerie

duka la maua

de Blomenhökerie

dukakuu

de Supermarkt

soko

de Markt

idara ya kuhifadhi

dat Koophuus

mwuza samaki

de Fischhökerie

kituo cha ununuzi

dat Inkoopszentrum

bandari

de Haven

Hifadhi

de Parkanlaag

benki

de Bank

daraja

de Brüch

vidato

de Trepp

chini ya ardhi

de Ünnergrundbahn

handaki

de Tunnel

kituo cha mabasi

de Busstoppsteed

bar

de Bar

mgahawa

dat Spieslokal

sanduku la posta

de Breefkassen

ishara ya barabara

dat Stratenschild

mita ya maegesho

de Parkklock

ustani ya wanyama

de Deertenpark

kidimbwi cha kuogelea

de Baadanstalt

msikiti

de Moschee

shamba
de Buernhoff

uchafuzi
de Ümweltversmudden

makaburini
de Karkhoff

kanisa
de Kark

uwanja wa michezo
de Speelplatz

hekalu
de Tempel

mazingira
de Landschop

jani
dat Blatt

ishara ya mwelekeo
de Wiespahl

njia
de Weg

malisho
de Wisch

jiwe
de Steen

mtembeaji wa masafa
de Wannerer

mti
de Boom

mto
de Fluss

nyasi
dat Gras

ua
de Bloom

bonde

dat Daal

kilima

de Barg

ziwa

de See

msitu

dat Holt

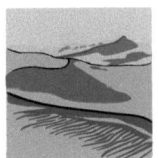

jangwa

de Wööst

volkano

de Füerspien Barg

ngome

dat Slott

upinde wa mvua

de Regenbagen

uyoga

de Poggenstohl

mtende

de Palm

mbu

de Steekmück

kuruka

de Fleeg

chungu

de Miegeemk

nyuki

de Imm

buibui

de Spinn

mende

de Sebber

chura

de Pogg

kuchakuro

de Katteker

nungunungu

de Swienegel

sungura

de Haas

bundi

de Uul

ndege

de Vagel

swan

de Swaan

nguruwe mwitu

dat Wildswien

kulungu

de Hirsch

aina ya kongoni

de Elk

bwawa

de Staudamm

tabo ya upepo

dat Windrad

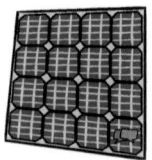

nishaji ya jua

dat Solarmodul

hali ya hewa

dat Klima

mgahawa
dat Spieslokal

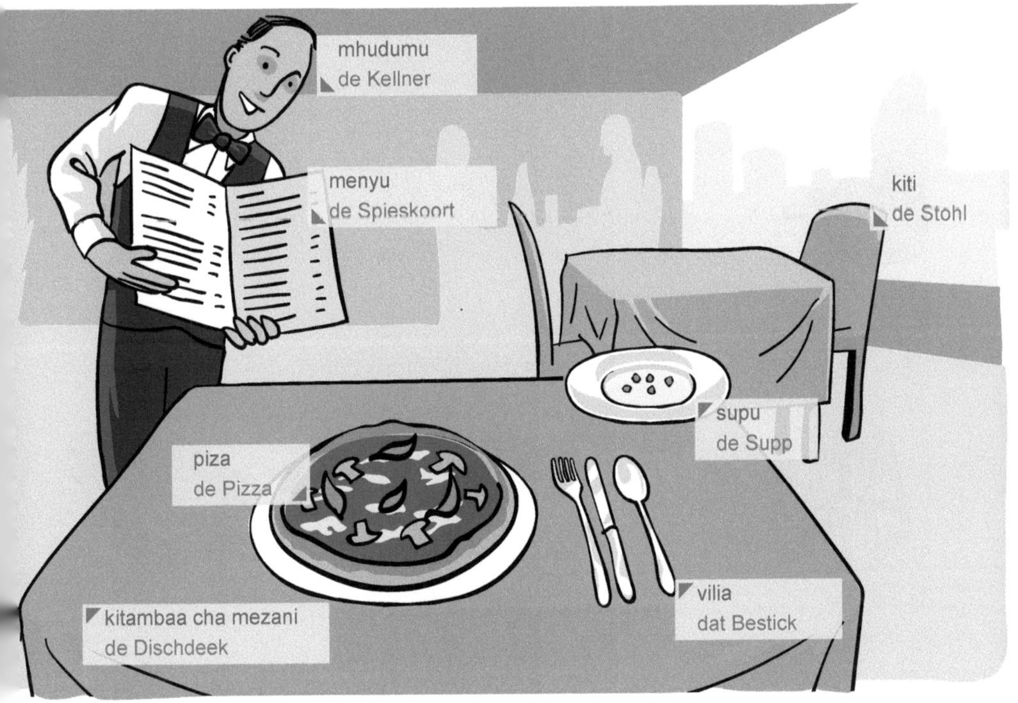

mhudumu
de Kellner
menyu
de Spieskoort
kiti
de Stohl
supu
de Supp
piza
de Pizza
vilia
dat Bestick
kitambaa cha mezani
de Dischdeek

kiamsha hamu

de Vörspies

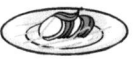

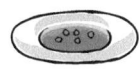

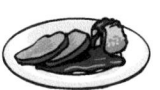

kozi kuu

dat Haupteten

kitindamlo

de Nadisch

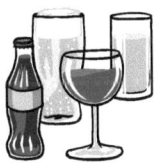

vinywaji

de Drünk

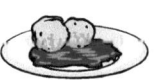

chakula

dat Eten

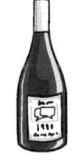

chupa

de Buddel

chakula cha haraka

dat Fastfood

Streetfood

dat Strateneten

buli

de Teekann

kisanduku cha sukari

de Zuckerdoos

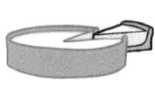

sehemu

de Portschoon

mashine ya espresso

de Espressomaschien

kiti kirefu

de Hoochstohl

muswada

de Reken

trei

dat Tablett

kisu

dat Mess

uma

de Gavel

kijiko

de Lepel

kijiko cha chai

de Teelepel

nepi

dat Munddook

glasi

dat Glas

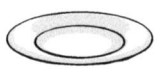

sahani

de Töller

sahani ya supu

de Suppentöller

sufuria

de Ünnertass

mchuzi

de Sooß

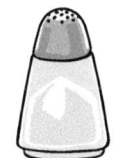

kichanyaji chumvi

de Soltstreuer

kinu cha pilipili

de Pepermöhl

siki

de Etig

mafuta

dat Ööl

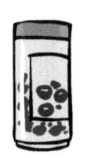 

viungo

de Krüder

kechapu

de Ketchup

haradali

de Mostrich

kachumbari nzito

de Mayonnaise

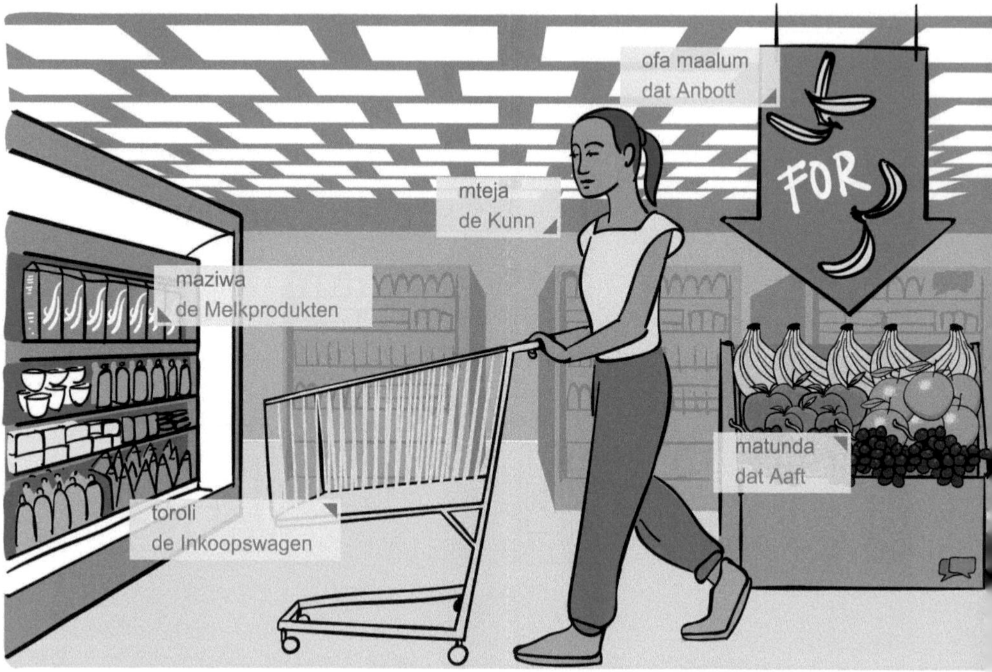

ofa maalum
dat Anbott
FOR
mteja
de Kunn
maziwa
de Melkprodukten
matunda
dat Aaft
toroli
de Inkoopswagen

BUTCHERS

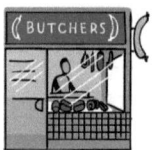

mchinjaji

de Slachterie

BAKERY

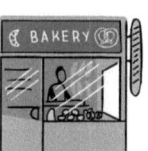

mwokaji

de Bäckerie

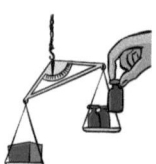

uzito

wegen

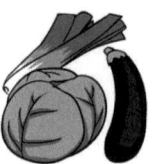

mboga

de Gröönsaken

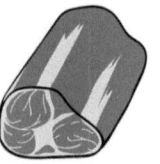

nyama

dat Fleesch

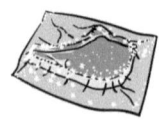

chakula waliohifadhiwa

de Deepköhlkost

pande vya nyama baridi

de Opsnitt

chakula cha kopo

de Konserven

sabuni ya unga

de Waschmiddel

pipi

de Snoopkraam

bidhaa za kaya

de Huushooltssaken

bidhaa za kusafisha

de Reinmaaktüüch

mtu mauzo

de Verköpersche

mpaka

de Kass

keshia

de Kasserer

orodha ya manunuzi

de Inkoopslist

masaa ya ufunguzi

de Opsparrtieden

mkoba

de Breeftasch

kadi

de Kreditkoort

mfuko

de Tasch

mfuko wa plastiki

de Plastiktüüt

maji

dat Water

sharubati

de Saft

maziwa

de Melk

coke

de Cola

mvinyo

de Wien

bia

dat Beer

pombe

de Spriet

kakao

de Kakao

chai

de Tee

kahawa

de Koffie

spreso

de Espresso

kapuchino

de Cappucino

ndizi

de Banaan

tufaha

de Appel

machungwa

de Appelsien

tikiti

de Meloon

lemon

de Zitroon

karoti

de Wöttel

kitunguu saumu

de Knuuvlook

mianzi

de Bambus

kitunguu

de Zibbel

uyoga

de Poggenstohl

karanga

de Nööt

nudo

de Nudeln

spageti

de Spaghetti

mpunga

de Ries

saladi

de Salat

vibanzi

de Pommes frites

viazi vya kukaanga

de Braadkantüffeln

piza

de Pizza

hambaga

de Hamborger

sandwichi

dat Sandwich

kipande

dat Snitzel

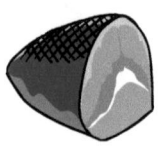

paja la mnyama

de Schinken

salami

de Salami

soseji

de Wust

kuku

dat Hohn

choma

de Braden

samaki

de Fisch

oats ya uji

de Haverflocken

muesli

dat Müsli

cornflakes

de Cornflakes

unga

dat Mehl

kroisanti

de Croissant

andazi

dat Rundstück

mkate

dat Broot

mkate wa kubanika

dat Toast

biskuti

de Keksen

siagi

de Botter

maziwa mgando

de Quark

keki

de Koken

yai

dat Ei

yai kukaanga

dat Spegelei

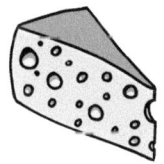

jibini

de Kees

aiskrimu

de Ies

sukari

de Zucker

asali

de Honnig

jemu

de Marmelaad

kuenea kwa chokoleti

de Nougat-Creme

mchuzi wa viungo

dat Curry

shamba
de Buernhoff

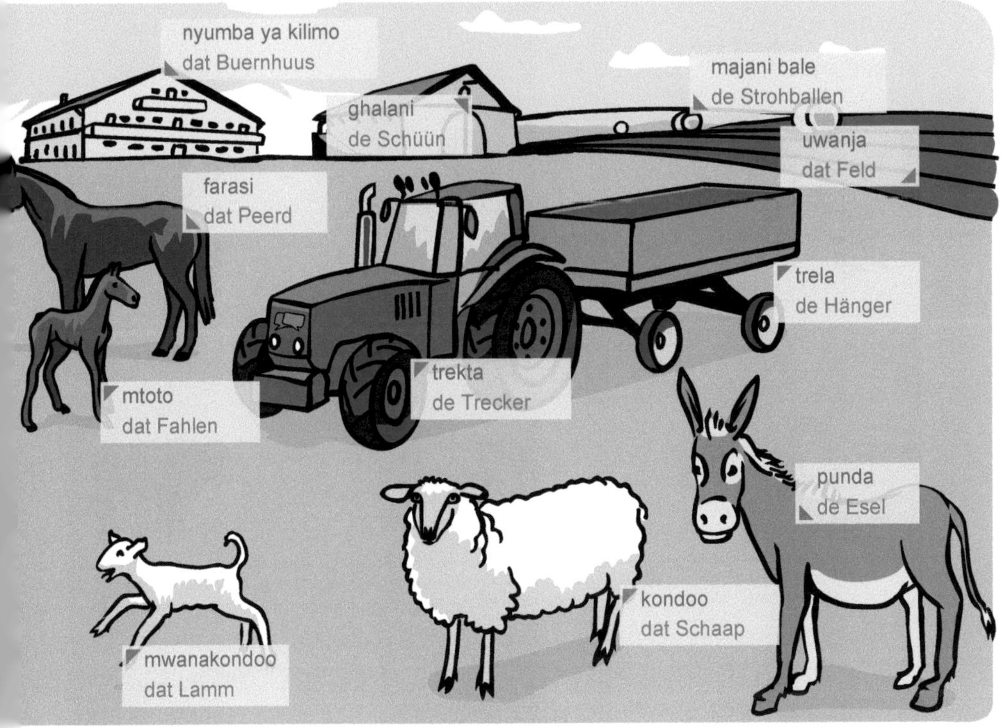
nyumba ya kilimo
dat Buernhuus
ghalani
de Schüün
majani bale
de Strohballen
uwanja
dat Feld
farasi
dat Peerd
trela
de Hänger
trekta
de Trecker
mtoto
dat Fahlen
punda
de Esel
kondoo
dat Schaap
mwanakondoo
dat Lamm

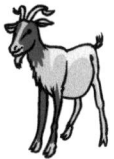

mbuzi

de Zeeg

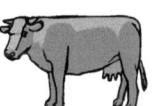

ng'ombe

de Koh

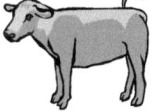

ndama

dat Kalf

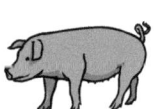

nguruwe

dat Swien

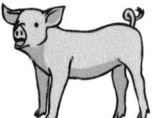

mwananguruwe

dat Farken

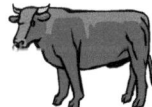

fahali

de Bull

batabukini

de Goos

bata

de Aant

kifaranga

dat Küken

kuku

dat Hohn

jogoo

de Hahn

panya

de Rott

paka

de Katt

panya

de Muus

ng'ombe

de Oss

mbwa

de Hund

nyumba ya mbwa

de Hunnenhütt

bomba la bustani

de Goornslauch

debe la kumwagilia maji

de Geetkann

fyekeo

de Lee

kulima

de Ploog

mundu

de Sich

jembe

de Hack

uma wa nyasi

de Mestfork

shoka

de Ext

toroli

de Schuufkoor

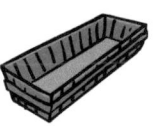

kupitia nyimbo

de Trog

chombo cha maziwa

de Melkkann

gunia

de Sack

ua

de Tuun

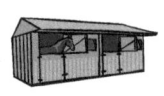

imara

de Stall

chafu

dat Drievhuus

udongo

de Bodden

mbegu

de Saat

mbolea

de Dünger

kivunaji

de Meihdöscher

mavuno

oornen

mavuno

de Oorn

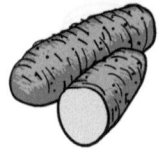

viazi vikuu

de Yamswöttel

ngano

de Weten

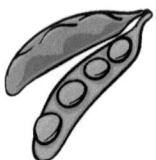

soya

dat Soja

viazi

de Kantüffel

mahindi

de Törksche Weten

rapa

de Rapp

mti wa matunda

de Aaftboom

muhogo

de Troopsch Kantüffel

nafaka

dat Koorn

nyumba
dat Huus

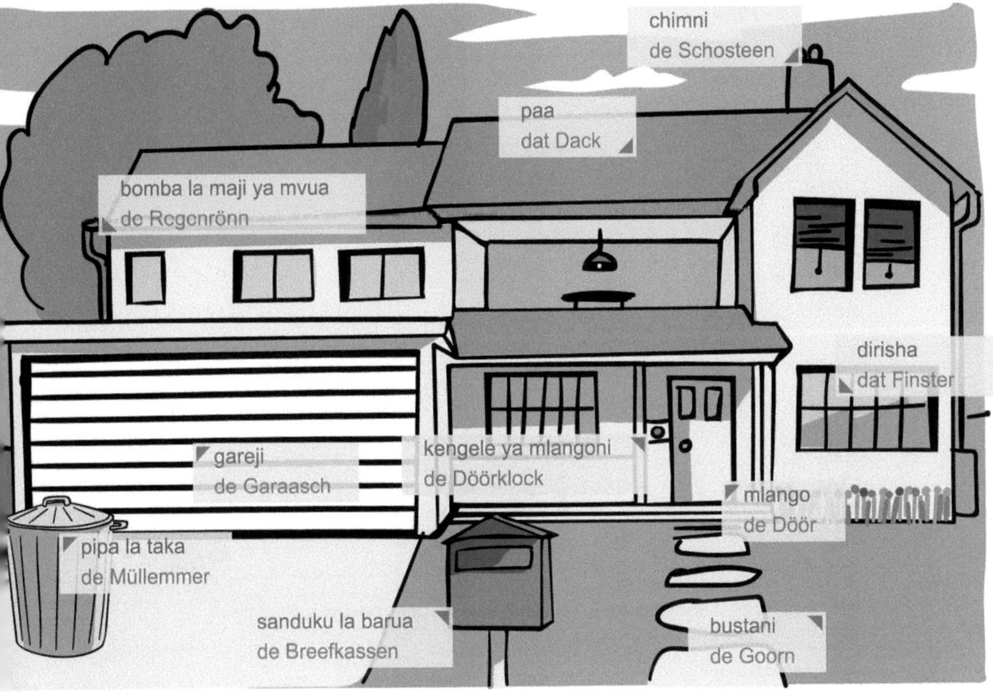
chimni
de Schosteen
paa
dat Dack
bomba la maji ya mvua
de Regenrönn
dirisha
dat Finster
gareji
de Garaasch
kengele ya mlangoni
de Döörklock
mlango
de Döör
pipa la taka
de Müllemmer
sanduku la barua
de Breefkassen
bustani
de Goorn

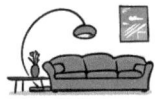

sebuleni

de Wahnstuuv

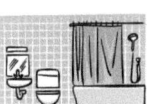

bafu

de Baadstuuv

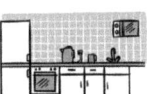

jikoni

de Köök

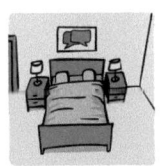

chumba cha kulala

de Slaapstuuv

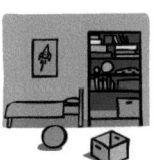

chumba ya mtoto

de Kinnerstuuv

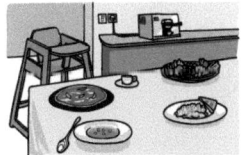

chumba cha kulia

de Eetstuuv

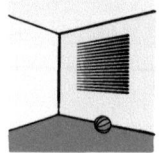

sakafu

de Footbodden

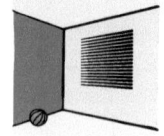

ukuta

de Wand

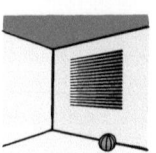

dari

de Deek

pishi

de Keller

sauna

dat Hittluftbad

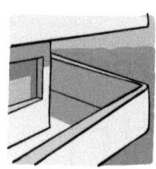

roshani

de Balkon

mtaro

de Terrass

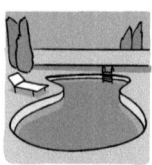

kidimbwi

dat Swümmbad

mashine ya kukata nyasi

de Rasenmeiher

karatasi

de Bettbetog

kitambaa cha kupamba
kitanda

de Bettdeek

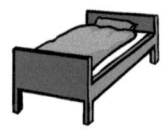

kitanda

de Puuch

ufagio

de Bessen

ndoo

de Emmer

kubadili

de Schalter

sebuleni
de Wahnstuuv

mandhari
de Tapeet
picha
dat Bild
taa
de Lamp
rafu
dat Regal
kabati
dat Schapp
televisheni/runinga
de Kiekkassen
mekoni
de Kamin
ua
de Bloom
mto
dat Küssen
sofa
dat Sofa
chombo cha maua
de Vaas
kitenzambali
de Feernbedenen

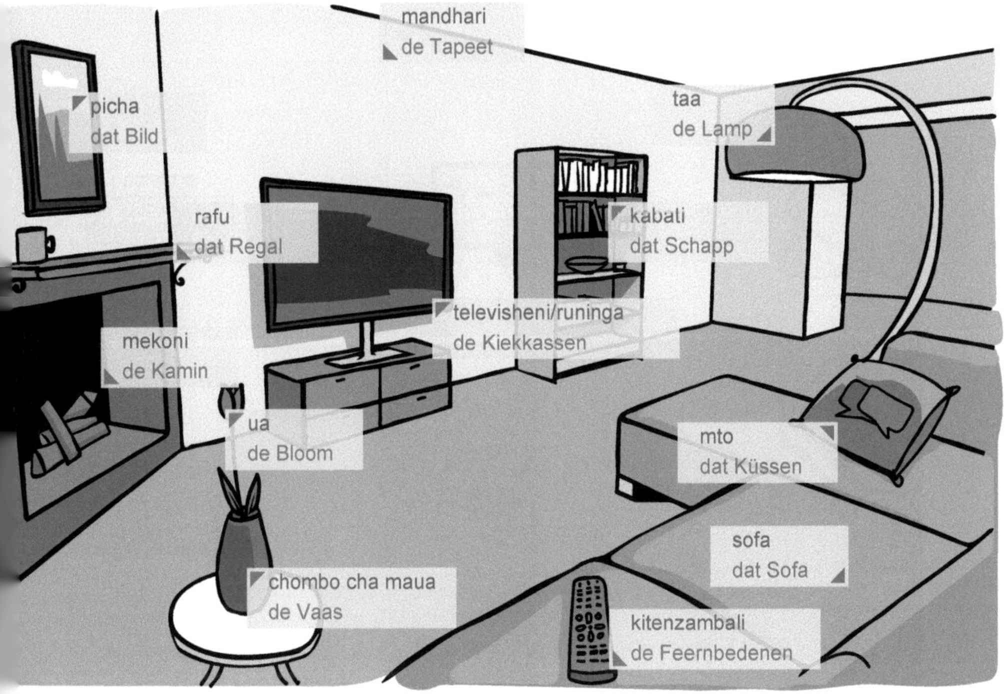

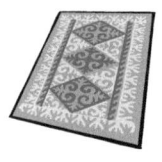

zulia
de Teppich

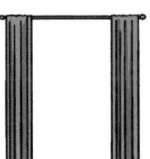

pazia
de Vörhang

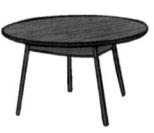

meza
de Disch

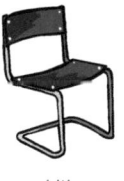

kiti
de Stohl

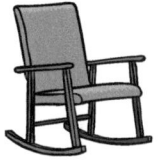

kiti cha bembea
de Schuckelstohl

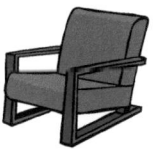

armchair
de Sessel

kitabu

dat Book

blanketi

de Deek

mapambo

de Dekoratschoon

kuni

dat Füerholt

filamu

de Film

kifaa cha hi-fi

de Stereoanlaag

ufunguo

de Slötel

gazeti

dat Narichtenblatt

uchoraji

dat Gemälde

bango

dat Poster

redio

dat Radio

daftari

de Opschrievblock

kifyonza

de Huulbessen

dungusi kakati

de Kaktus

mshumaa

de Kars

jikoni
de Köök

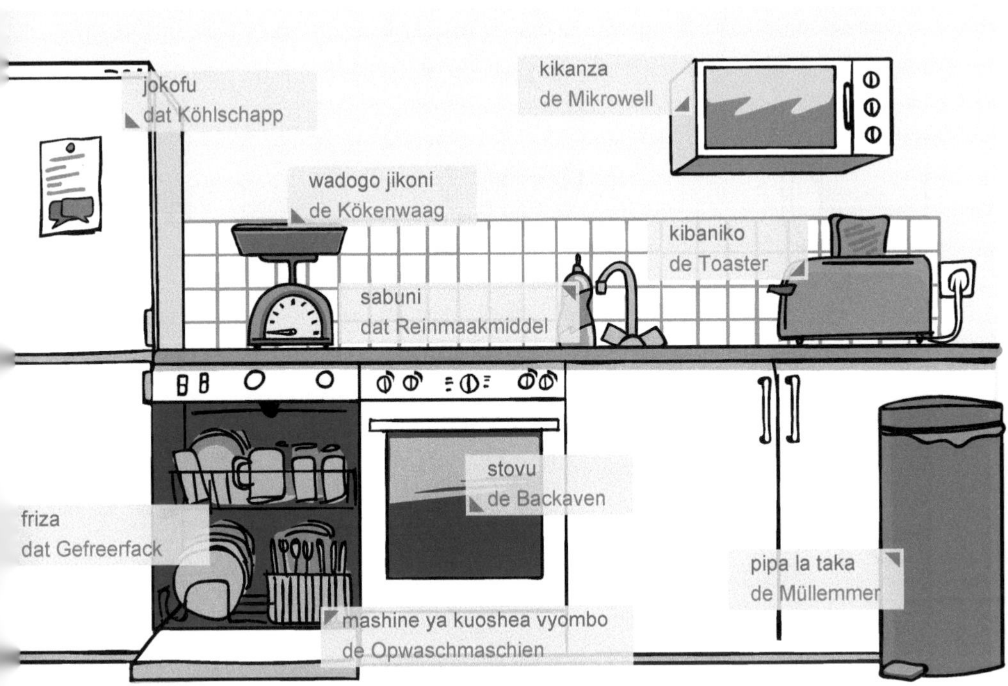

jokofu
dat Köhlschapp
kikanza
de Mikrowell
wadogo jikoni
de Kökenwaag
kibaniko
de Toaster
sabuni
dat Reinmaakmiddel
stovu
de Backaven
friza
dat Gefreerfack
pipa la taka
de Müllemmer
mashine ya kuoshea vyombo
de Opwaschmaschien

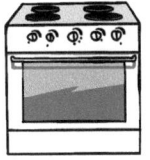

jiko la kupika

de Heerd

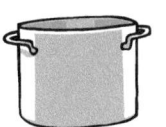

chungu

de Pott

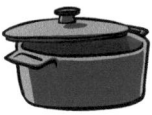

sufurla ya chuma

de Gussiesern Putt

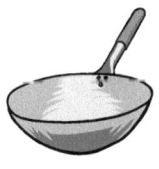

wok / kadai

de Wok / Kadai

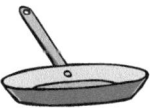

kaango

de Pann

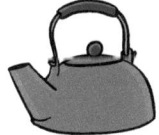

birika

de Waterkaker

stima
de Dampkaakputt

sinia ya kuoka
dat Backblick

vyombo vya udongo
dat Geschirr

kombe
de Beker

bakuli
de Schaal

vijiti vya kulia
de Eetsticken

ukawa
de Suppenkell

mwiko mpana
de Pannenwenner

burashi
de Sneebessen

kichujio
dat Kaakseef

chujio
dat Seef

mbuzi
de Riev

chokaa
de Mörser

barbeque
de Grill

moto wazi
de Füerstell

ubao wa majaribio

dat Sniedbrett

kijiti cha kusukuma unga

dat Nudelholt

kizibuo

de Proppentrecker

kopo

de Doos

inaweza kopo

de Dosenaapner

kishikio cha chungu

de Pottlappen

karo

dat Waschbecken

brashi

de Böst

sifongo

de Swamm

kisagaji matunda

de Mixer

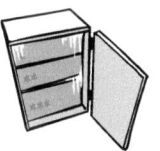

friji ya kina

dat lesschapp

chupa ya mtoto

de Nuckelbuddel

bomba

de Waterhahn

bafu

de Baadstuuv

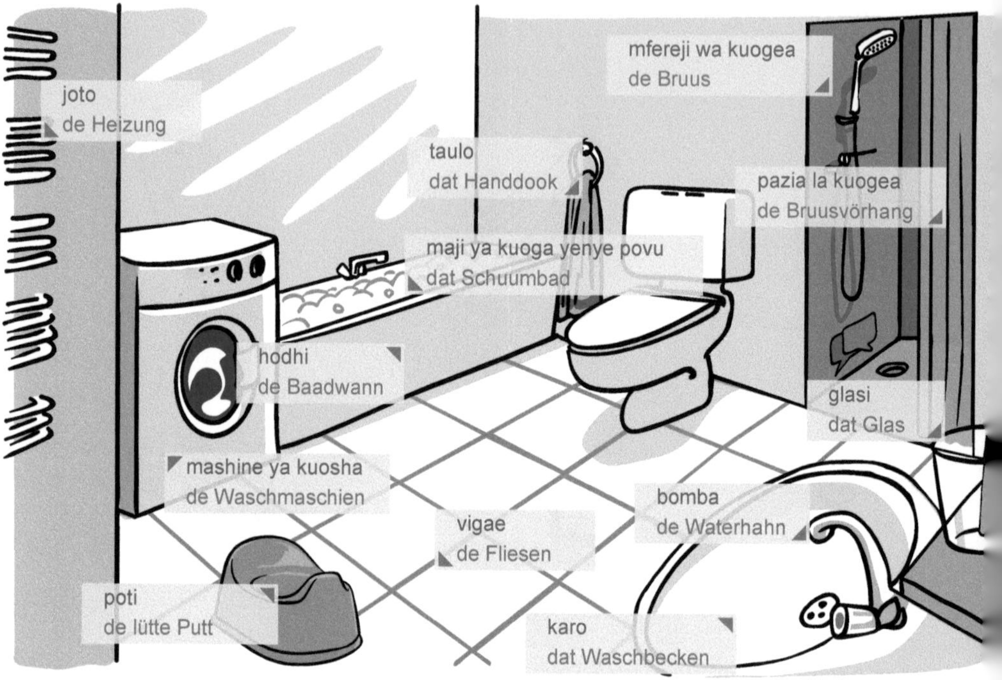

joto
de Heizung
mfereji wa kuogea
de Bruus
taulo
dat Handdook
pazia la kuogea
de Bruusvörhang
maji ya kuoga yenye povu
dat Schuumbad
hodhi
de Baadwann
glasi
dat Glas
mashine ya kuosha
de Waschmaschien
bomba
de Waterhahn
vigae
de Fliesen
poti
de lütte Putt
karo
dat Waschbecken

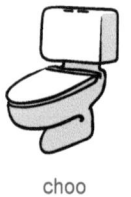

choo
de Tante Meier

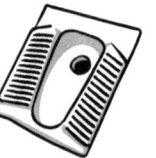

choo cha squat
de Hockklo

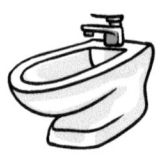

beseni la mviringo
dat Bidet

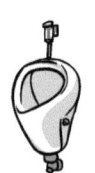

choo cha umma
dat Miegbecken

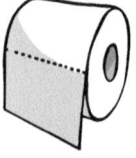

shashi
dat Klopapeer

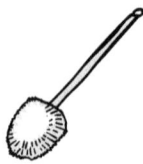

brashi ya choo
de Kloböst

mswaki

de Tähnböst

dawa ya meno

de Tähnpast

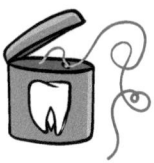

dawa ya meno

de Tähnsied

safisha

waschen

kuoga mkono

de Handbruus

msukumo wa maji

de Intimbruus

bonde

de Waschschöttel

mpako wa pili

de Rüchböst

sabuni

de Seep

jeli ya kuogea

dat Bruusgeel

shampuu

dat Hoorwaschmiddel

flana

de Waschlappen

toa maji

de Afloop

krimu

de Creme

kiondoa harufu

dat Deodorant

kioo

de Spegel

kioo mkono

de Kosmetikspegel

kinyozi

de Raserer

povu la kunyoa

de Raseerschuum

baada ya kunyoa

dat Raseerwater

kichana

de Kamm

brashi

de Böst

kikausha nywele

de Hoordröger

marashi ya nyewele

dat Hoorspray

vipodozi

de Smink

kidomwa

de Lippensticken

varnish ya msumari

de Nagellack

pamba

de Watt

mkasi wa kucha

de Nagelscheer

manukato

dat Rüükwater

mkoba wa kuosha

de Kulturbüdel

kinyesi

de Schemel

mizani

de Waag

nguo ya kuoga

de Baadmantel

glavu za mpira

de Gummihanschen

kisodo

de Tampon

sodo

de Damenbinn

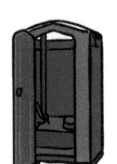

kemikali choo

dat Chemieklo

chumba ya mtoto

de Kinnerstuuv

saa ya kengele
de Wecker
kidoli cha kupakata
dat Knudeldeert
gari bandia
dat Speeltüüchauto
kelele
de Klöter
chumba cha midoli
dat Poppenhuus
sasa
dat Geschenk

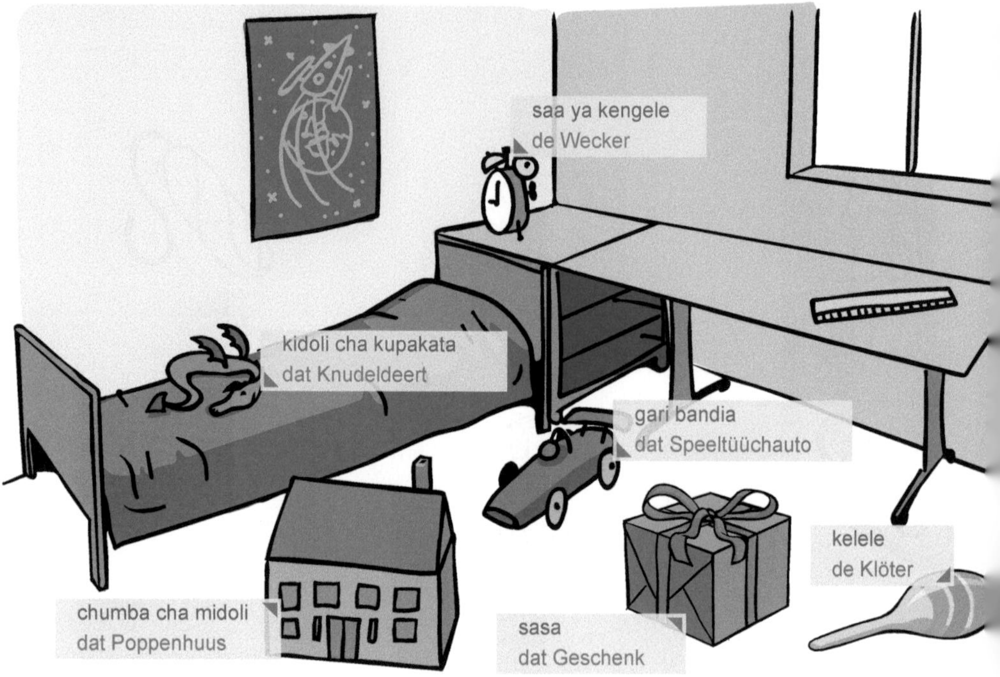

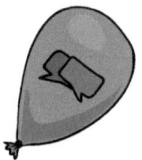

baluni

de Luftballon

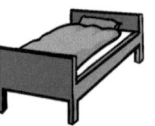

kitanda

de Puuch

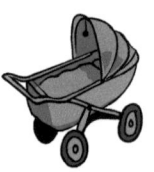

mashua

de Kinnerwagen

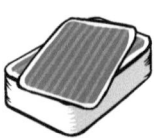

staha ya kadi

dat Koortenspeel

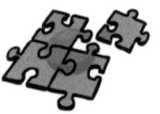

mchezo-fumb

dat Puzzle

SUPER MEGA

vichekesho

de Billergeschicht

matofali lego

de Legostenen

vitalu mwigo

de Bustenen

hatua takwimu

de Action-Figur

suti ya kulalia

de Strampelantog

kisahani

de Frisbeeschiev

simu

dat Mobile

ubao wa michezo

dat Brettspeel

kete

de Wörpel

garimoshi mwigo

de Modelliesenbahn

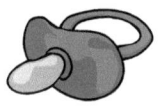

dummy

de Snuller

chama

de Party

picha kitabu

dat Billerbook

mpira

de Ball

kikaragosi

de Popp

kucheza

spelen

shimo la mchanga

de Sandkassen

bembea

de Schuckel

vitu bandia

dat Speeltüüch

kiweko cha video ya mchezo

de Speelkonsool

baiskeli ya magurudumu

dat Dreerad

matatu

mwanasesere

de Teddyboor

kabati

dat Klederschapp

nguo

dat Tüüch

soksi

de Socken

stokingi

de Strümp

kibano

de Strumpbüx

skafu
dat Halsdook

mwavuli
de Paraplü

fulana
dat T-Shirt

ukanda
de Liefreem

viatu
de Stevel

ndara
de Puuschen

wakufunzi
de Turnschoh

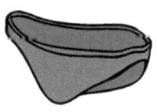

malapa
de Sandalen

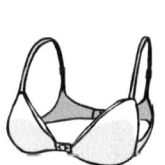

viatu
de Schoh

mabuti ya mpira
de Gummistevel

suruali ya ndani
de Ünnerbüx

sidiria
de Bostholler

fulana
dat Ünnerhemd

mwili
de Lief

suruali
de Büx

dangirizi
de Jeansnüx

sketi
de Rock

blauzi
de Bluus

shati
dat Hemd

vuta
de Pullover

sweta
de Kapuzenpullover

bleza
de Blazer

jaketi
de Jack

koti
de Mantel

koti la mvua
de Övertrecker

maleba
dat Kostüm

gauni
dat Kleed

mavazi ya harusi
dat Hochtietskleed

suti

de Antog

vazi la usiku

dat Nachtkleed

pajama

de Slaapantog

sari

de Sari

skafu

dat Koppdook

kilemba

de Turban

burka

de Burka

kaftan

de Kaftan

abaya

de Abaya

vazi la kuogelea

de Baadantog

vazi la kiume la kuogelea

de Baadbüx

kaptura

de Korte Büx

teitei

de Antog to'n Öven

aproni

de Schört

glavu

de Handschoh

kifungo

de Knopp

glasi

de Brill

bangili

dat Armband

mkufu

de Halskeed

pete

de Ring

herini

de Ohrbummel

kofia

de Mütz

kiango cha koti

de Klederbögel

kofia

de Hoot

tai

de Binner

zipu

de Rietslüter

kofia

de Helm

kanda za suruali

dat Drachtband

sare za shule

de Schooluniform

sare

de Uniform

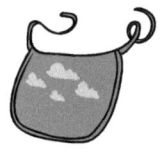

bibu

de Severböten

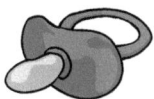

dummy

de Snuller

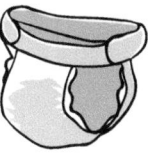

nepi

de Winnel

ofisi

dat Büro

seva
de Server
kabati la kuweka faili
dat Aktenschapp
ratasi
t Papeer
kichapishaji
de Drucker
kiwambo
de Bildschirm
kipanya
de Muus
dawati
de Schrievdisch
folda
de Orner
kibodi
dat Knoopboord
na kuweka karatasi chafu
erkorf
kompyuta
de Computer
kiti
de Stohl

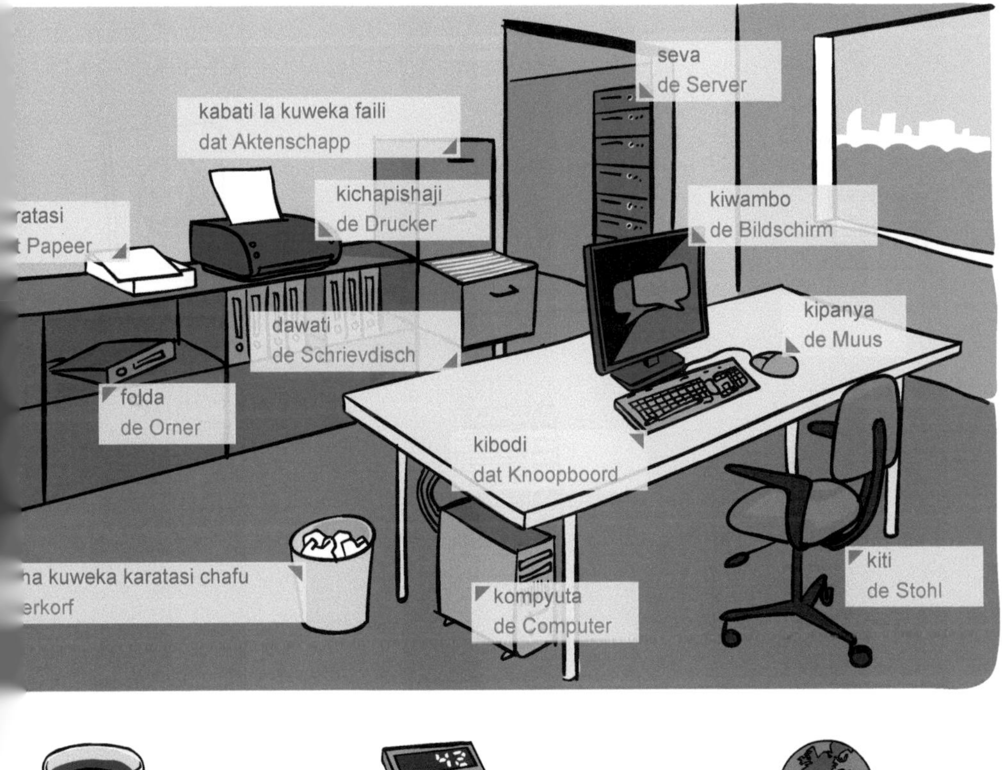

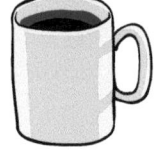

kmobe la kahawa

de Koffiebeker

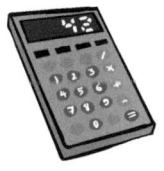

kikokotoo

de Taschenreekner

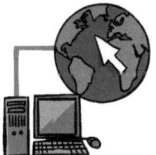

biashara

dat Internet

mbali

de Klappreekner

barua

de Breef

ujumbe

de Naricht

rununu

de Ackersnacker

intaneti

dat Nettwark

fotokopia

de Kopeerapparat

programu

de Software

simu

de Klöönkassen

soketi

de Steekdoos

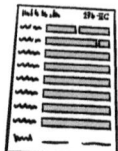

kipepesi

de Faxapparat

fomu

dat Formulor

hati

dat Dokument

kununua
köpen

kulipa
betahlen

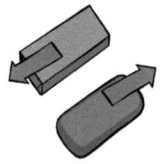

biashara
hanneln

fedha
dat Geld

dola
de Dollar

yuro
de Euro

yeni
de Yen

rouble
de Ruvel

faranga ya Uswisi
de Swiezer Franken

renminbi yuan
de Renminbi Yuan

rupia
de Rupie

eneo la kulipia
de Geldautomat

ofisi ya ubadilishanaji

de Wesselstuuv

dhahabu

dat Gold

fedha

dat Sülver

mafuta

dat Ööl

nishati

de Energie

bei

de Pries

mkataba

de Verdrag

kodi

de Stüer

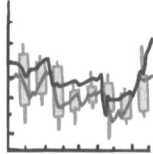

bidhaa

de Andeelschien

kazi

arbeiden

mfanyakazi

de Anstellte

mwajiri

de Arbeitgever

kiwanda

de Fabrik

duka

de Hökerie

kazi
de Profeschonen

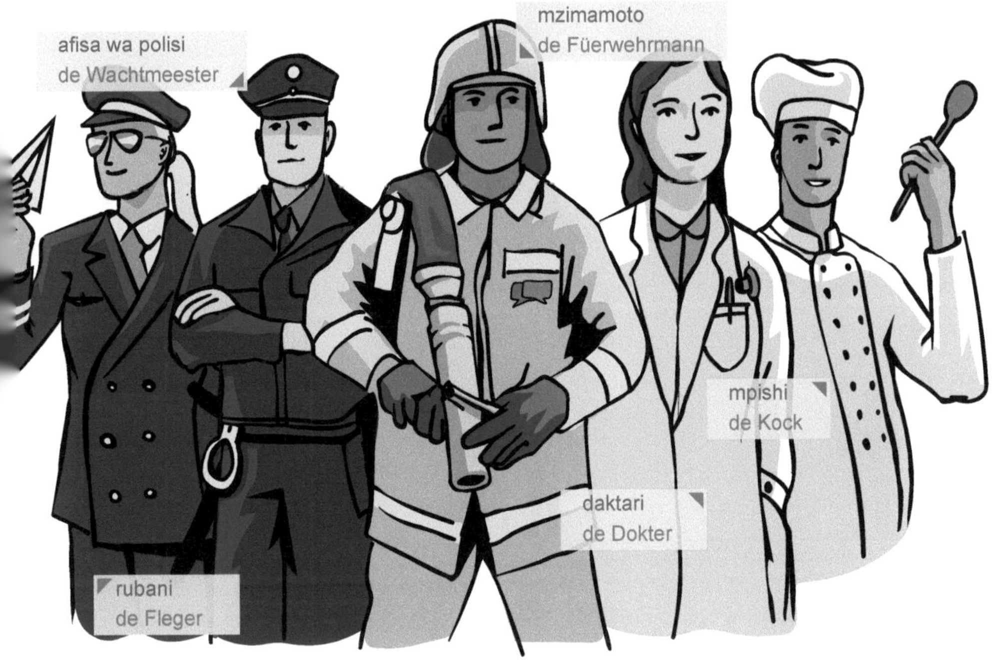

afisa wa polisi
de Wachtmeester
mzimamoto
de Füerwehrmann
mpishi
de Kock
daktari
de Dokter
rubani
de Fleger

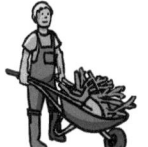

mtunza bustani

de Goorner

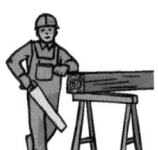

seremala

de Discher

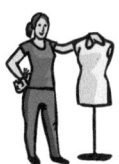

mshonaji

de Neihersche

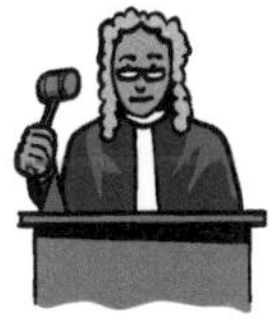

hakimu

de Richter

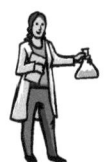

mwanakemia

de Chemiker

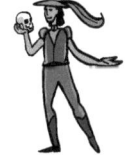

muigizaji

de Schauspeler

dereva wa basi

de Busfohrer

dereva wa teksi

de Taxifohrer

mvuvi

de Fischer

mwanamke wa kusafisha

de Reinmaakfru

mwezekaji

de Dackdecker

mhudumu

de Kellner

mwindaji

de Jäger

mchoraji

de Maler

mwokaji

de Bäcker

umeme

de Elektriker

mjenzi

de Buarbeider

mhandisi

de Ingenieur

mchinjaji

de Slachter

fundi bomba

de Klempner

mwanaposta

de Postbüdel

mwanajeshi

de Suldat

msanifu majengo

de Architekt

keshia

de Kasserer

muuza maua

de Florist

msusi

de Putzbüdel

kondakta

de Schaffner

mekanika

de Mechaniker

nahodha

de Kaptein

daktari wa meno

de Tähndokter

mwanasayansi

de Wetenschopler

rabbi

de Rabbi

imamu

de Imam

mtawa

de Mönk

kasisi

de Paap

zana
dat Warktüüch

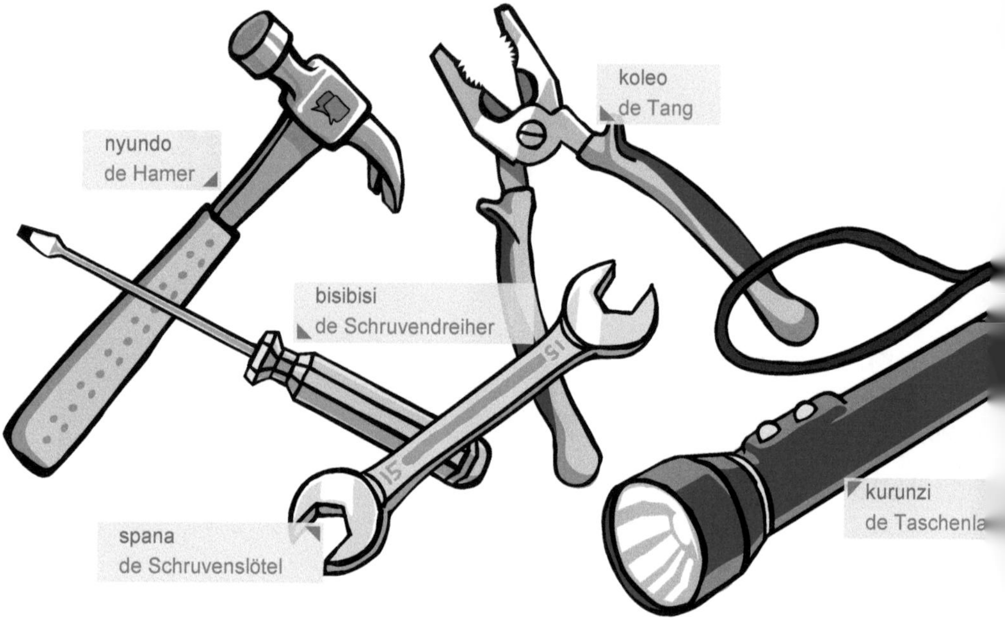
nyundo
de Hamer
koleo
de Tang
bisibisi
de Schruvendreiher
spana
de Schruvenslötel
kurunzi
de Taschenla

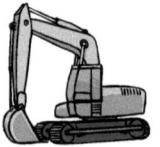

mchimbaji

de Grieper

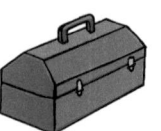

sanduku la vifaa

de Warktüüchkassen

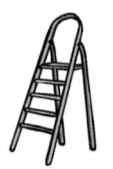

ngazi

de Ledder

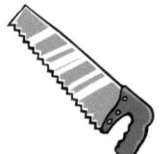

msumeno

de Saag

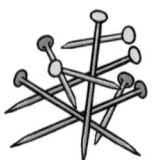

misumari

de Nagels

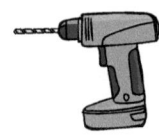

kuchimba visima

de Bohrer

kukarabati

heelmaken

sepetu

de Schüffel

Lo!

Schiet!

kishikio cha uchafu

dat Kehrblick

chungu cha rangi

de Farvpott

skurubu

de Schruven

ala za muziki
de Musikinstrumenten

spika
de Luutsnacker

mpangilio wa ngoma
dat Slagtüüch

besi mara mbili
de Bass-Vigelien

tarumbeta
de Trumpeet

gita
de Rietfiedel

piano
dat Klaveer

fidla
de Vigelien

ubeji
de Bass

timpani
de Pauk

ngoma
de Trummeln

kibodi
dat Keyboard

saksafoni
dat Saxophon

filimbi
de Fleut

maikrofoni
dat Mikrofoon

bustani ya wanyama

de Deertenpark

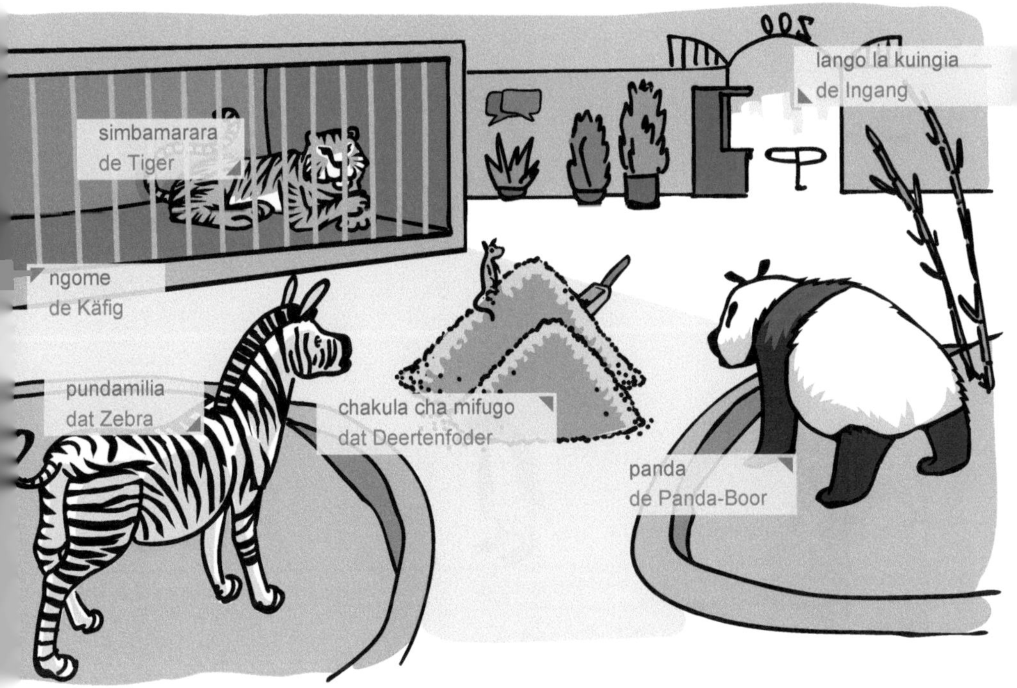

zoo
lango la kuingia
de Ingang
simbamarara
de Tiger
ngome
de Käfig
pundamilia
dat Zebra
chakula cha mifugo
dat Deertenfoder
panda
de Panda-Boor

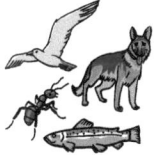

wanyama

de Deerten

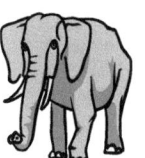

tembo

de Elefant

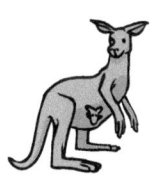

kangaruu

dat Känguru

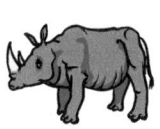

kifaru

dat Neeshoorn

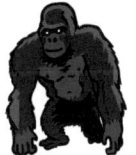

sokwe

de Gorilla

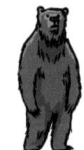

dubu

de Boor

ngamia

dat Kameel

mbuni

de Struuß

simba

de Lööv

tumbili

de Aap

heroe

de Flamingo

kasuku

de Papagoi

dubu

de Iesboor

penguini

de Pinguin

papa

de Haifisch

tausi

de Pageluun

nyoka

de Slang

mamba

dat Krokodil

mtunza wanyama

de Oppasser in'n
Deertenpark

muhuri

de Saalhund

jaguar

de Jaguor

mwanafarasi

dat Pony

chui

de Leopard

kiboko

dat Nilpeerd

twiga

de Giraff

tai

de Aadler

nguruwe mwitu

dat Wildswien

samaki

de Fisch

kobe

de Schildkrööt

sili

dat Walross

mbweha

de Voss

paa

de Gazell

soka ya marekani
de Amerikaansch Football

uendeshaji baiskeli
dat Radfohren

tenisi
dat Tennis

mpira wa kikapu
de Korfball

kuogelea
dat Swümmen

ndondi
dat Boxen

magongo ya barafuni
dat leshockey

soka
de Football

vinyoya
dat Fedderball

riadha
de Leichtathletik

mpira wa mikono
de Handball

skii
dat Skilopen

polo
dat Polo

shughuli

de Aktivitäten

cheka
lachen
kuruka
springen
kumbatia
ümarmen
kutembea
gahn
kuimba
singen
ota ndoto
drömen
kuomba
beden
busu
snuteln

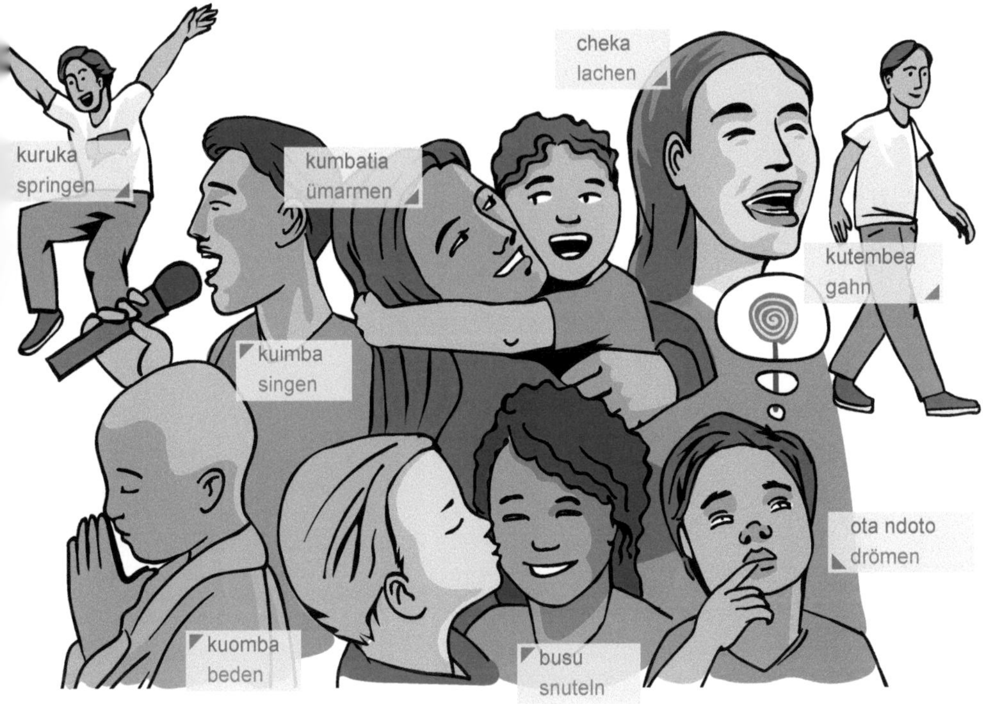

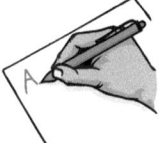

kuandika
schrieven

kuteka
teken

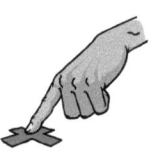

angalia
wiesen

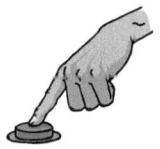

sukuma
drücken

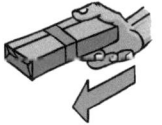

kutoa
geven

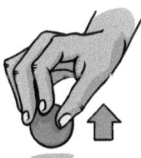

kuchukua
nehmen

kuwa

hebben

fanya

doon

kuwa

sien

kusimama

stahn

kukimbia

lopen

vuta

trecken

kutupa

smieten

kuanguka

fallen

hadaa

liggen

kusubiri

töven

kubeba

dregen

kukaa

sitten

vaa nguo

antrecken

usingizi

slapen

kuamka

opwaken

kuangalia

ankieken

lia

wenen

kiharusi

eien

chana nywele

kämmen

ongea

snacken

kuelewa

verstahn

kuuliza

fragen

kusikiliza

hören

kunywa

drinken

kula

eten

nadhifisha

oprümen

upendo

leefhebben

mpishi

kaken

gari

fohren

kuruka

flegen

meli

segeln

kokotoa

reken

kusoma

lesen

kujifunza

lehren

kazi

arbeiden

kuoa

de Plünnen tohoopsmieten

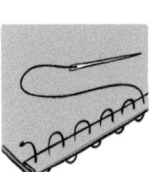

kushona

neihen

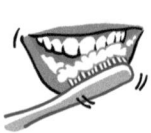

piga mswaki

Tähnen putzen

kuua

dootmaken

moshi

smöken

kutuma

schicken

Grootmoder

babu
de Grootvadder

baba
de Vadder

mama
de Moder

Vinnelkind

binti
de Dochter

bin
de Söhn

mgeni
de Gast

shangazi
de Tant

mjomba
de Unkel

kaka
de Broder

dada
de Süster

mwili
de Lief

paji la uso
de Vörkopp
jicho
dat Oog
bega
de Schuller
kidole
de Finger
uso
dat Gesicht
kidevu
dat Kinn
mkono
de Hand
mguu
dat Been
matiti
de Bost
mkono
de Arm

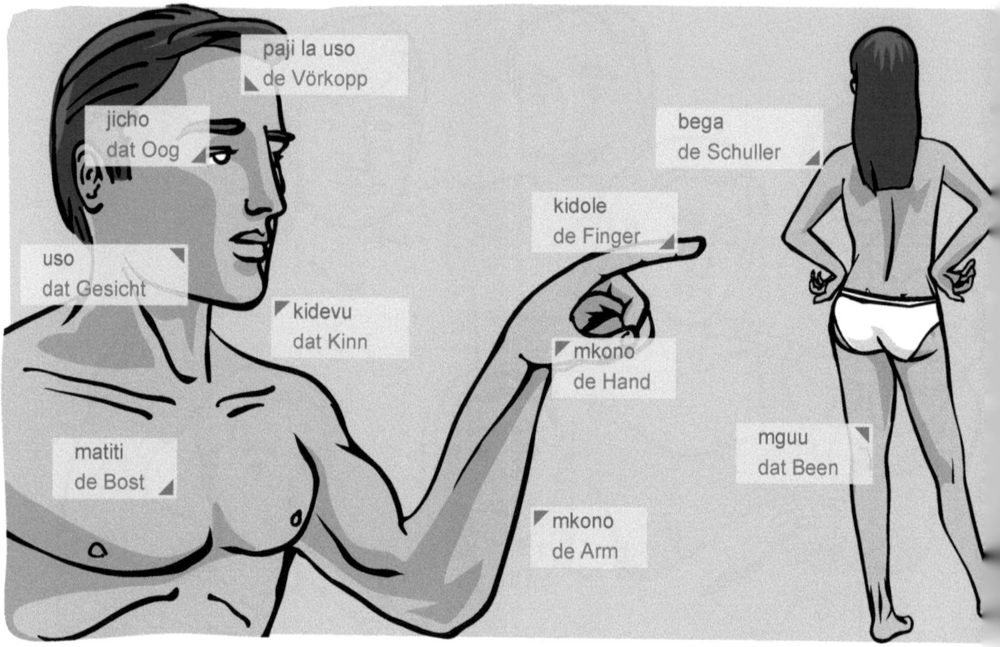

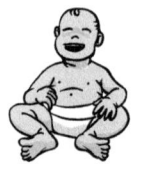

mtoto

dat Winnelkind

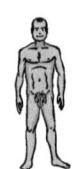

mwanamume

de Mann

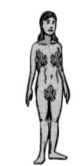

mwanamke

de Fro

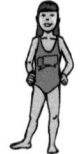

msichana

de Deern

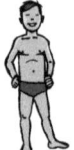

mvulana

de Jung

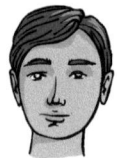

kichwa

de Arm

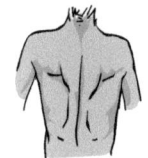

nyuma

de Rüch

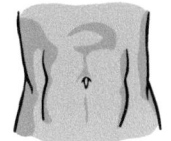

tumbo

de Buuk

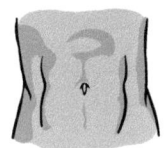

kitovu

de Navel

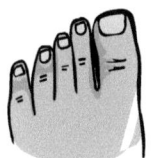

chano

de Teh

kisigino

de Hack

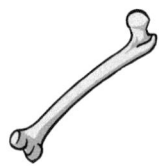

mfupa

de Knaken

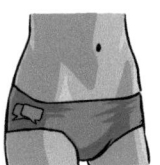

nyonga

de Hüft

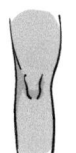

goti

dat Knee

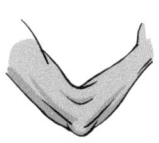

kiwiko

de Ellbagen

pua

de Nees

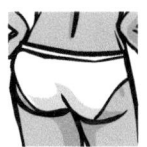

chini

de Achtersen

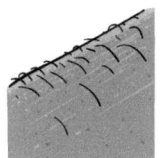

ngozi

de Huut

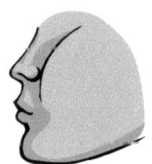

shavu

de Back

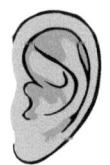

sikio

dat Ohr

mdomo

de Lipp

kinywa

de Mund

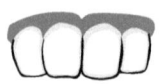

jino

de Tähn

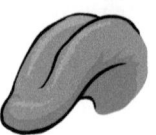

ulimi

de Tung

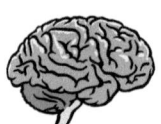

ubongo

de Bregen

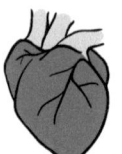

moyo

dat Hart

misuli

de Muskel

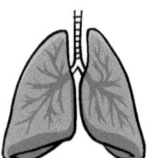

pafu

de Lung

ini

de Lever

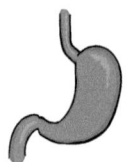

tumbo

de Maag

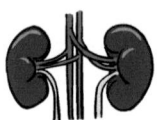

figo

de Neren

jinsia

de Bislaap

kondomu

dat Kondoom

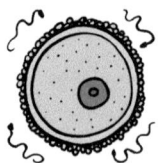

ovari

de Eizell

shahawa

dat Sperma

mimba

de Anner Ümstänn

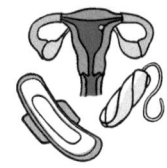

hedhi
de Menstruatschoon

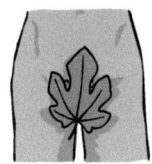

uke
de Scheed

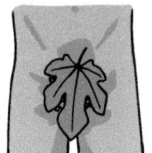

uume
de Pint

unyusi
de Ogenbroe

nywele
dat Hoor

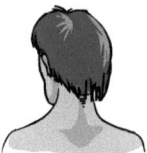

shingo
de Hals

hospitali
dat Krankenhuus

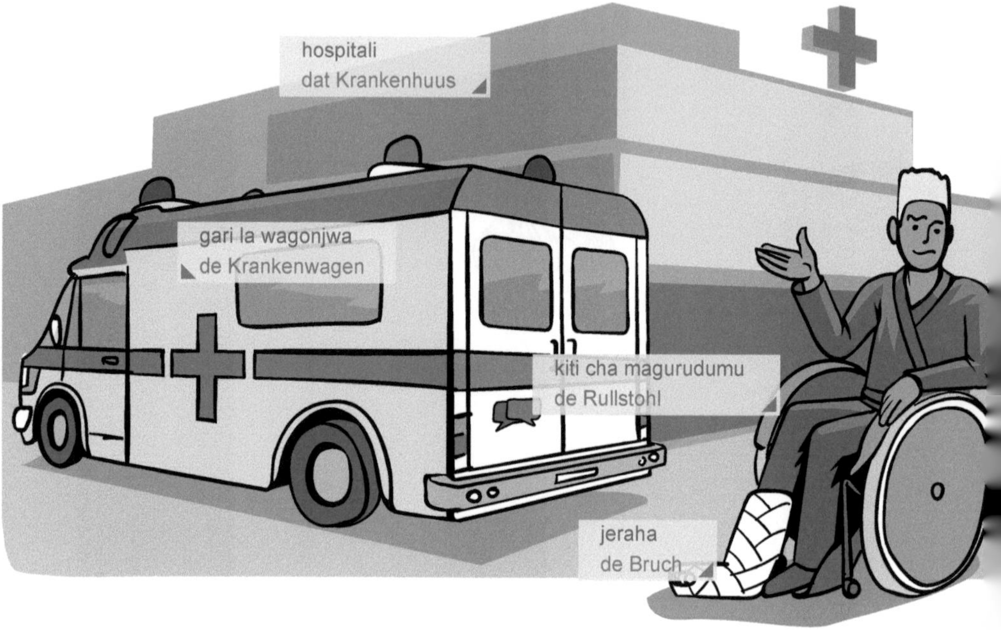

hospitali
dat Krankenhuus
gari la wagonjwa
de Krankenwagen
kiti cha magurudumu
de Rullstohl
jeraha
de Bruch

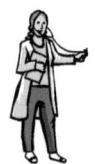

daktari
de Dokter

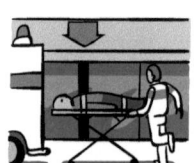

chumba cha dharura
de Nootopnahm

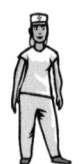

muuguzi
de Krankensüster

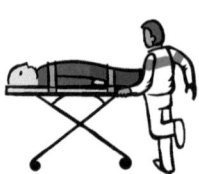

dharura
de Nootfall

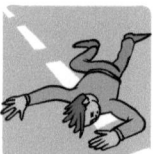

kupoteza fahamu
ahnmächtig

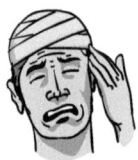

maumivu
de Wehdaag

kuumia

de Verwunnen

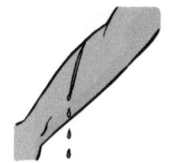

kutokwa na damu

de Blöden

mshtuko wa moyo

de Hartinfarkt

kiharusi

de Slaganfall

mzio

de Allergie

kikohozi

de Hoosten

homa

dat Fever

mafua

de Gripp

kuharisha

de Dörchfall

maumivu ya kichwa

de Koppwehdaag

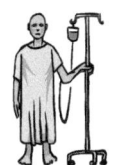

kansa

de Kreeft

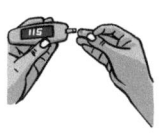

ugonjwa wa kisukari

de Zuckersüük

daktari mpasuaji

de Chirurg

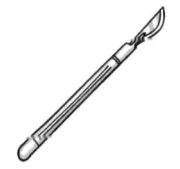

kisu kidogo cha kupasulia

dat Chirurgsch Mess

operesheni

de Operatschoon

picha changanufu ya mwili

dat CT

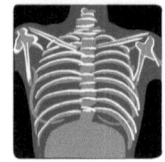

Eksrei

de Dörchlüchten

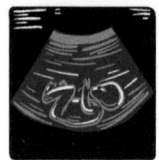

mawimbi sauti

de Ultraschall

barakoa ya uso

de Mask

ugonjwa

de Krankheit

chumba cha kusubiri

de Töövruum

mkongojo

de Krück

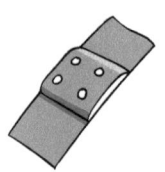

plasta

dat Plaaster

bendeji

de Verband

sindano

de Insprütten

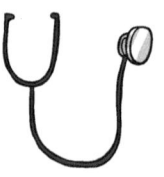

stetoskopu

dat Stethoskop

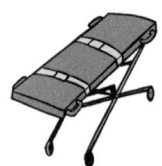

machela

de Draag

kipimajoto cha kliniki

dat Feverthermometer

kuzaliwa

de Geboort

unene kupita kiasi

dat Övergewicht

kusikia misaada

de Höörapparat

kipukusi

dat Kiemfriemiddel

maambukizi

de Ansteken

virusi

de Virus

VVU / UKIMWI

dat HIV / AIDS

dawa

dat Heelmiddel

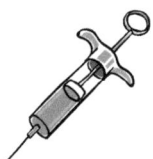

chanjo

de Impen

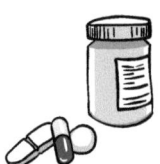

vidonge

de Tabletten

kidonge

de Pill

simu ya dharura

de Nootroop

haemodainamometa

de Blootdruck-Meter

mgonjwa / mwenye afya

krank / gesund

Msaada!

Hölp!

kengele

de Alarm

pigo

de Överfall

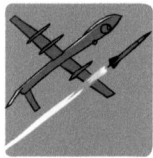

shambulizi

de Angreep

hatari

de Gefohr

lango la dharura

de Nootutgang

Moto!

dat Füer!

kizima moto

de Füerlöscher

ajali

de Unfall

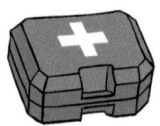

vifaa vya huduma ya kwanza

de Noothölpkoffer

wito wa msaada

SOS

polisi

de Polizei

Ulaya

Europa

Amerika ya Kaskazini

Noordamerika

Amerika ya Kusini

Süüdamerika

Afrika

Afrika

Asia

Asien

Australia

Australien

Atlantiki

de Atlantik

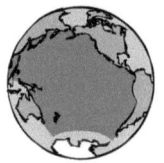

Pasifiki

de Pazifik

Bahari ya Hindi

dat Indisch Weltmeer

Bahari ya Antaktiki

Antarktisch Weltmeer

Bahari ya Aktiki

dat Arktisch Weltmeer

Ncha ya Kaskazini

de Noordpol

Ncha ya Kusini

de Süüdpol

Antaktika

de Antarktis

dunia

de Eerd

nchi

dat Land

bahari

de See

kisiwa

dat Eiland

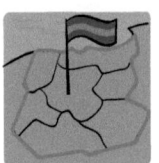

taifa

de Natschoon

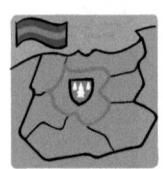

jimbo

de Staat

uso wa saa

dat Tallenblatt

akrabu ya saa

de Stunnenwieser

akrabu ya dakika

de Minutenwieser

akrabu ya sekunde

de Sekunnenwieser

Ni saa ngapi?

Wo laat is dat?

siku

de Dag

wakati

de Tiet

sasa

nu

saa ya dijitali

de digetaalsch Klock

dakika

de Minuut

saa

de Stunn

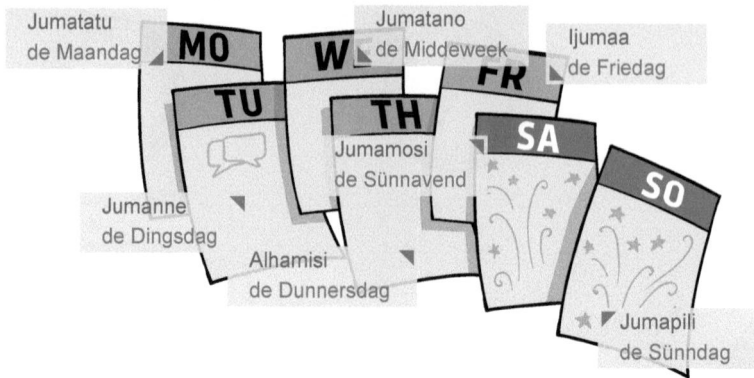

Jumatatu / de Maandag — MO

Jumatano / de Middeweek — W

Ijumaa / de Friedag — FR

TU

TH

Jumamosi / de Sünnavend — SA

SO

Jumanne / de Dingsdag

Alhamisi / de Dunnersdag

Jumapili / de Sünndag

jana

güstern

leo

hüüt

kesho

morgen

asubuhi

de Morgen

saa sita mchana

de Meddag

jioni

de Avend

MO	TU	WE	TH	FR	SA	SU
1	2	3	4	5	6	7
8	9	10	11	12	13	14
15	16	17	18	19	20	21
22	23	24	25	26	27	28
29	30	31	1	2	3	4

siku za biashara

de Arbeitsdaag

MO	TU	WE	TH	FR	SA	SU
1	2	3	4	5	6	7
8	9	10	11	12	13	14
15	16	17	18	19	20	21
22	23	24	25	26	27	28
29	30	31	1	2	3	4

mwishoni mwa wiki

dat Wekenenn

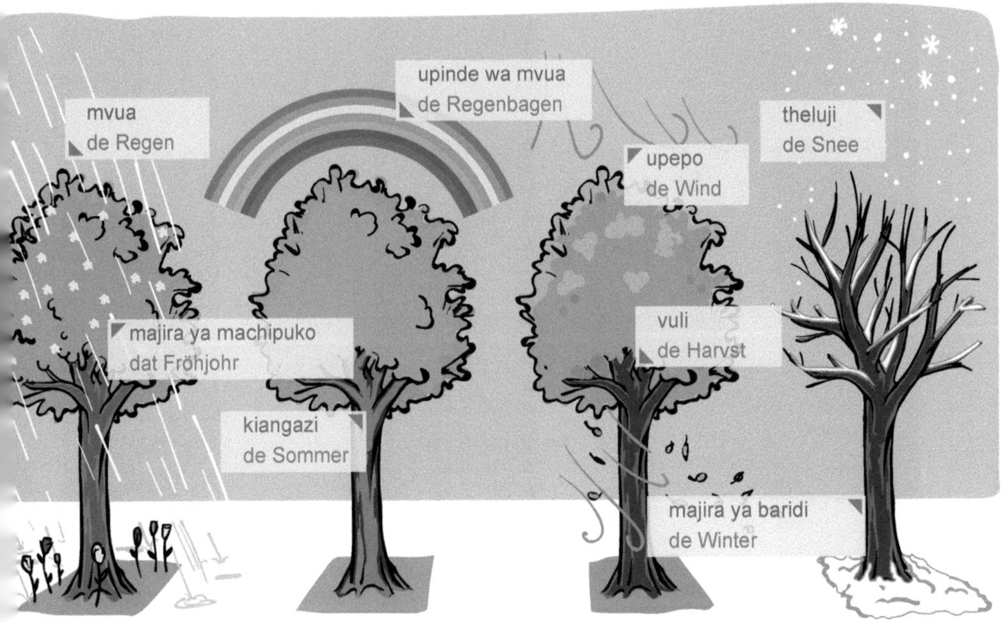

mvua
de Regen

upinde wa mvua
de Regenbagen

theluji
de Snee

upepo
de Wind

majira ya machipuko
dat Fröhjohr

vuli
de Harvst

kiangazi
de Sommer

majira ya baridi
de Winter

4.APRIL	11°	☀
5.APRIL	4°	☁
6.APRIL	13°	☂
7.APRIL	8°	❄
8.APRIL	10°	☀

tabiri wa hali ya hewa
de Wedervörhersaag

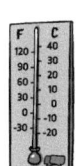

kipimajoto
dat Thermometer

mwanga wa jua
de Sünnenschien

wingu
de Wulk

ukungu
de Nevel

unyevu
de Luftfuchtigkeit

umeme

de Blitz

radi

de Dunner

dhoruba

de Storm

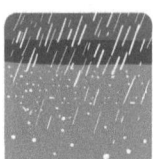

mvua ya mawe

de Hagel

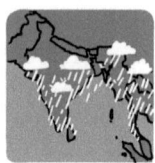

monsuni

de Monsun

mafuriko

de Floot

barafu

dat les

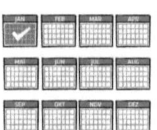

Januari

de Januormaand

Februari

de Februormaand

Machi

de Martmaand

Aprili

de Aprilmaand

Mei

de Maimaand

Juni

de Junimaand

Julai

de Julimaand

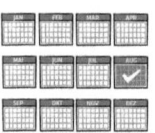

Agosti

de Augustmaand

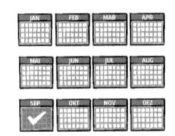

Septemba

de Septembermaand

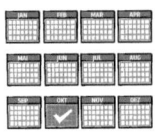

Oktoba

de Oktobermaand

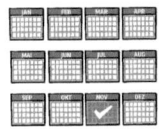

Novemba

de Novembermaand

Desemba

de Dezembermaand

maumbo
de Formen

mduara

de Krink

mraba

dat Quadrat

mstatili

dat Rechteck

pembetatu

dat Dreeeck

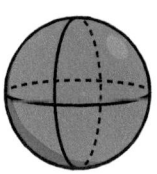

nyanja

de Kugel

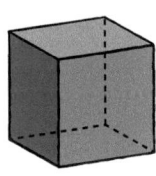

mchemraba

de Wörpel

nyeupe

witt

manjano

geel

chungwa

orangsch

rangi ya waridi

pink

nyekundu

root

hudhurungi

lila

bluu

blau

kijani

gröön

hanja

bruun

jivujivu

gries

nyeusi

swart

mengi / kidogo

veel / wenig

hasira / pole

böös / verdreeglich

nzuri / mbaya

smuck / mies

mwanzo / mwisho

de Begünn / dat Enn

kubwa / ndogo

groot / lütt

angavu / giza

hell / düüster

kaka / dada

le Broder / de Süster

safi / chafu

schier / schietig

kamilika / tokamilika

kumpleet / nich kumpleet

siku / usiku

de Dag / de Nacht

wafu / hai

doot / lebennig

pana / nyembamba

breet / small

kulika / kutolika

geneetbor / nich geneetbor

ovu / ema

böös / fründlich

sisimkwa / udhika

fickerig / langwielt

nene / nyembamba

dick / dünn

kwanza / mwisho

toeerst / toletzt

rafiki / adui

de Fründ / de Fiend

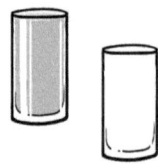

jaa / tupu

vull / leddig

ngumu / laini

hart / week

nzito / nyepesi

swoor / licht

njaa / kiu

de Smacht / de Döst

mgonjwa / mwenye afya

krank / gesund

haramu / kisheria

nich na't Recht / na't Recht

akili / kijinga

klook / dummerhaftig

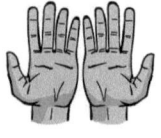

kushoto / kulia

linkerhand / rechterhand

karibu / mbali

neeg / feern

mpya / kutumika

nieg / bruukt

kitu / jambo

nix / wat

zee / changa

oolt / jung

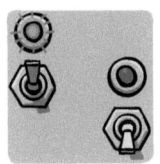

waka / zima

an / ut

wazi / fungwa

apen / slaten

utulivu / kelele

lies / luut

tajiri / masikini

riek / arm

sahihi / kosa

richtig / verkehrt

mbaya / laini

ruug / glatt

huzunika / furahia

trurig / glücklich

fupi /ndefu

kort / lang

polepole / haraka

suutje / flink

nyevu / kavu

natt / dröög

joto / baridi

warm / köhl

vita / amani

de Krieg / de Freden

0

sufuri

null

1

moja

een

2

mbili

twee

3

tatu

dree

4

nne

veer

5

tano

fief

6

sita

söss

7

saba

söven

8

nane

acht

9

tisa

negen

10

kumi

teihn

11

kumi na moja

ölven

12

kumi na mbili

twölf

13

kumi na tatu

dörteihn

14

kumi na nne

veerteihn

15

kumi na tano

föffteihn

16

kumi na sita

sössteihn

17

kumi na saba

söventeihn

18

kumi na nane

achtteihn

19

kumi na tisa

negenteihn

20

ishirini

twintig

100

mia

hunnert

1.000

elfu

dusend

1.000.000

milioni

million

Kiingereza

dat Engelsch

Kiingereza cha Marekani

dat Amerikaansch Engelsch

Kimandarini cha Uchina

dat Chineesch Mandarin

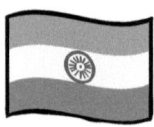

Kihindi

dat Hindi

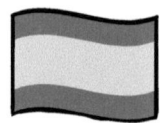

Kihispania

dat Spaansch

Kifaransa

dat Franzöösch

Kiarabu

dat Araabsch

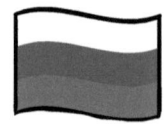

Kirusi

dat Rusch

Kireno

dat Portugiesch

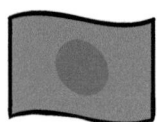

Kibengali

dat Bengaalsch

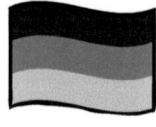

Kijerumani

dat Düütsch

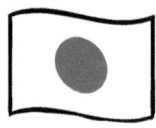

Kijapani

dat Japaansch

mimi

ik

wewe

du

yeye / yeye / ni

he / se / dat

sisi

wi

wewe

ji

wao

se

nani?

keen?

nini?

wat?

jinsi gani?

woans?

wapi?

woneem?

lini?

wannehr?

jina

de Naam

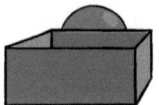

nyuma

achter

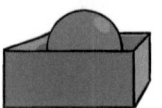

katika

in

mbele ya

vör

juu ya

över

kwenye

op

chini ya

ünner

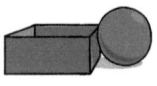

kando

blangen

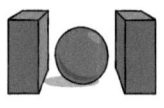

kati

twüschen

mahali

de Oort